www.tredition.de

AF204950

Rechtliche Hinweise | Haftungsausschluss

Die in diesem Buch enthaltenen und erwähnten Ratschläge, Tipps und Hinweise sind vom Autor unter größter Sorgfalt geprüft und bedacht worden. Gleichwohl bieten sie in keiner Weise Ersatz für eine umfassende, kompetente und fachlich versierte medizinische Beratung. Die Verwendung dieses Buches sowie die Umsetzung darin enthaltener Informationen erfolgt daher ausdrücklich auf eigenes Risiko. Weder der Autor noch der Verlag können für etwaige Schäden jeder Art, die sich durch die Befolgung darin genannter Tipps und Ratschläge ergeben (z. B. aufgrund fehlender Sicherheitshinweise) eine Haftung übernehmen.

Sämtliche Ausführungen, Informationen und Angaben in diesem Buch erfolgen ohne jegliche Gewährleistung bzw. Garantie des Autors. Eine Haftung des Autors und/oder des Verlages oder der im Zusammenhang mit dieser Buchproduktion stehenden Beauftragten für Personen-, Sach- und/oder Vermögensschäden ist ausgeschlossen.

Ferner können Druckfehler und/oder Falschinformationen nicht vollständig ausgeschlossen werden. Weder der Autor noch der Verlag übernehmen irgendeine Haftung für die Aktualität, Richtigkeit und Vollständigkeit der Inhalte dieses Buches.

Christian B. Schreiber

Am Reizdarm
nicht verzweifeln

Praktische Alltagstipps für Betroffene

www.tredition.de

© 2018 Christian B. Schreiber
Umschlagfoto by Taylor Smith on Unsplash
Grafiken von Majella Cross, Berlin

Verlag & Druck: tredition GmbH, Hamburg

ISBN
Paperback   978-3-7469-4806-5
Hardcover   978-3-7469-4807-2
e-Book   978-3-7469-4808-9

Inhaltsverzeichnis

Vorwort

Als selbst seit gut 25 Jahren vom Reizdarm Betroffener weiß ich, wovon ich schreibe. Seit einem Vierteljahrhundert gehören Bauchgrummeln, Schmerzen und Durchfälle zu meinem Leben. Wurde mir die Diagnose „Reizdarmsyndrom" (RDS) seinerzeit noch recht vorsichtig und unter vielerlei langatmigen Erklärungen vom Arzt nahegebracht, hat sich RDS heute scheinbar zu einer wahren Volkskrankheit entwickelt. Längst liest man nicht mehr nur in medizinischen Fachpublikationen davon, sondern auch in bunten Illustrierten, Tageszeitungen und Apotheken-Magazinen. Selbst im Fernsehen sind die Beschwerden rund um den „irritierten Darm" immer häufiger ein Thema. Gleichwohl werden viele betroffene Patienten nach wie vor mit falschen Vorstellungen und manchmal sogar mit Vorurteilen ihrer Mitmenschen konfrontiert. Hartnäckig hält sich die alte Mär von der „seelischen Ursache" für ein bestehendes Reizdarmsyndrom. Unter solchen Vorzeichen einem Gesprächspartner klarzumachen, dass es sich vielfach um eine körperliche Störung handelt und auftretende psychische Symptome in erster Linie eher Folge als Ursache des Leidens sind, ist oft sehr schwer. Auch sind trotz der im Internet reichlich zu findenden Informationen über die Erkrankung die Kenntnisse selbst bei vielen Betroffenen gering. Ein Grund hierfür mag darin liegen sein, dass es zum Teil widersprüchliche Ratschläge und Hinweise gibt. Angesichts der Fülle an Nachrichten, Meinungen und Berichten fällt es sehr schwer, für die eigene Situation passende und hilfreiche Tipps zu erhalten.

Mit dem vorliegenden Ratgeber möchte ich daher ganz bewusst einen anderen Weg gehen. Erfahrungen mit speziellen Medikamenten sollen hier weniger im Vordergrund stehen als vielmehr handfeste Hilfen und Tipps für ein (möglichst!) leichtes Leben als RDS-ler. Denn auch wenn diese Erkrankung Sie fest im Griff haben sollte gilt: Aufgeben ist keine Option! Versuchen Sie stattdessen, das Beste aus der zugegeben nicht immer ganz einfachen Situation zu machen. Ich stelle Ihnen Möglichkeiten vor, wie Sie wieder mehr am öffentlichen Leben teilnehmen können. Sie erfahren, wie Sie ohne Angst vor der nicht schnell genug erreichbaren Toilette verreisen können. Und nicht zuletzt möchte ich Ihnen auch Mut für die Zukunft machen.

Viele neue Erkenntnisse und alles Gute
wünscht Ihnen

Christian B. Schreiber

Reizdarm?
Viel gehört, wenig gewusst.

Kapitel 1 | Reizdarm? Viel gehört, wenig gewusst.

Reizdarmsyndrom. Hinter diesem Krankheitsbild verbirgt sich eine Mischung aus vielfach äußerst unangenehmen Beschwerden des Verdauungstraktes. Während der Begriff aufgrund des steigenden Interesses der Medien inzwischen weithin bekannt geworden ist, tun sich Nicht-Betroffene mit einem Begreifen der tatsächlichen Umstände und Auswirkungen dieser gesundheitlichen Störung weiterhin schwer. Im Grunde vermag diese Tatsache aber kaum zu verwundern, schließlich können „wir RDS-ler" uns auch nicht in allen Facetten in einen Menschen mit starken Sehstörungen oder permanenten Knieschmerzen hineinversetzen. Da das Reizdarmsyndrom allerdings nach wie vor von nicht Wenigen als „Befindlichkeitsstörung" angesehen oder in den Bereich der rein psychosomatischen Erkrankungen geschoben wird, ist ein echtes Verständnis für die massiven Einschränkungen der persönlichen Bewegungsfreiheit und der Teilnahme am gesellschaftlichen Leben selten. Als Reizdarmpatienten sind wir daher in zweifacher Weise geplagt: Wir müssen mit der Krankheit leben, gelten zugleich aber für unsere Mitmenschen als eigentlich Gesunde. Das Fatale an dieser Situation ist, dass wir dadurch entweder weiter in die Isolation geraten oder aber permanent erklären müssen, warum wir an der Paddeltour am kommenden Samstag nicht teilnehmen können oder längere Autofahrten mit Staugefahr lieber vermeiden.

Zwar ist es erfreulich, dass das Thema Reizdarm in den letzten Jahren und Jahrzehnten immer weiter in den Blick der Öffentlichkeit gerückt ist. Gleichwohl wäre es sehr hilfreich, wenn die Einschränkungen und Probleme, mit denen wir Betroffenen tagtäglich befasst sind, in ähnlich starker Weise publiziert würden. Denn nur wenn unser Umfeld unsere Situation in ausreichendem Maße nachvollziehen kann, werden wir vom Verständnis der Kollegen, Freunde und Verwandten wirksam profitieren.

Vielleicht können Sie dieses kleine Ratgeber-Buch, welches ich ja in erster Linie für Leidensgefährten geschrieben habe, auch dem einen oder anderen Ihrer Mitmenschen ausleihen. Damit Er oder Sie besser verstehen kann, warum Sie tun, was Sie tun und lassen, was Sie lassen.

Im Vordergrund stehen Bauchschmerzen, Durch-
fälle und Verstopfung

Vielleicht ist es an dieser Stelle doch ganz gut, zunächst einen kurzen Überblick über die wichtigsten „Eckdaten" zum Reizdarmsyndrom zu geben. Zwar kennen Betroffene im Allgemeinen die Bedeutung der Krankheit und die auftretenden Symptome recht genau, doch wer das Büchlein an Freunde oder Bekannte verleiht, kann nicht immer fundiertes Fachwissen voraussetzen.

Das Reizdarmsyndrom – oder kurz: RDS – hat sich in den vergangenen Jahrzehnten zu einer wahren Volkskrankheit entwickelt. Entsprechenden Schätzungen zufolge leiden (zählt man die leichteren Verläufe dazu) mittlerweile bis zu 25 Prozent aller Frauen und Männer in der westlichen Welt an dieser äußerst lästigen und den Alltag mitunter stark einschränkenden Gesundheitsstörung. Im Vordergrund des Reizdarmsyndroms steht bei den meisten Betroffenen neben Bauchschmerzen (die sich zum Teil nach der Nahrungsaufnahme verstärken) vor allem ein verändertes Stuhlverhalten. Die Patienten haben mit häufigen Durchfällen oder auch mit Verstopfung zu kämpfen. Zumeist bringt ein (erfolgreicher) Toilettenbesuch vorerst Linderung. Sehr unangenehm für viele Betroffene ist auch die Tatsache, dass sich oft viel Luft im Bauch befindet, die zusätzlich für Schmerzen sorgt. Derartige Empfindungen können bis in Brust und Rücken ausstrahlen und sogar von der eigentlichen Ursache ablenken. Auf der anderen Seite neigen langjährige RDS-Patienten manchmal dazu, auftretende Brust- und Rückenschmerzen ihrem Reizdarm zuzuordnen und sehen keinen Anlass für einen kurzfristigen Arztbesuch. Dieses Verhalten kann jedoch dazu führen, dass lebensbedrohliche Erkrankungen (wie beispielsweise ein sich anbahnender Herzinfarkt) übersehen werden.

Ganz am Anfang dieses Buches möchte ich Sie daher aus gutem Grund dafür sensibilisieren, vor allem stärkere Schmerzen im Brust-, Schulter- und Rückenbereich oder andere Auffälligkeiten immer ernst zu nehmen und sicherheitshalber schnellstmöglich einen Arzt zu konsultieren. Außerhalb der regulären Sprechzeiten können Sie selbstverständlich auch die Rettungsstelle des nächsten Krankenhauses ansteuern oder Sie rufen den Rettungswagen unter 112.

Auch wenn RDS aus medizinischer Sicht (nicht im persönlichen Alltag!) grundsätzlich als harmlos gilt, können sich hinter den Beschwerden auch schwere Krankheiten verbergen!

„*Man kann auch Pest und Cholera gemeinsam haben*", sagen manche Mediziner dazu und machen ein besorgtes Gesicht.

Drei RDS-Typen sind die Regel

Mediziner weisen darauf hin, dass es grundsätzlich drei unterschiedliche Typen von RDS-Patienten gibt:

- den Durchfalltyp,
- den Verstopfungstyp und
- den Schmerztyp.

Manchmal wird auch noch der Blähungstyp genannt, jedoch steht Luft im Bauch oft im Zusammenhang mit einer der anderen hauptsächlichen Beschwerden. Nicht wenige Betroffene lassen sich allerdings nicht so ganz fest in eine dieser Gruppen einordnen, sondern „pendeln" irgendwo dazwischen.

Für die Bewältigung des persönlichen Alltags ist es jedoch wichtig zu wissen, welche Beschwerden im eigenen Leben dominieren. So wird ein Schmerztyp beispielsweise andere Vorsorgemaßnahmen für eine geplante Reise ergreifen müssen als ein Durchfalltyp. Wo nötig, müssen auch Kombinationen aus unterstützenden Schritten gefunden werden.

Nicht nur im Bauch zu merken

Die meisten RDS-Betroffenen haben im Laufe ihrer Leidensgeschichte festgestellt, dass sich die Beschwerden des Reizdarms nicht allein auf den Bauch bzw. Darm beschränken. Vielfach klagen die Patienten auch über sekundäre Symptome, die ihnen den Alltag zusätzlich erschweren. Hierzu zählen unter anderen:

- Kopfschmerzen
- Müdigkeit mit ständigem Gähnen
- Abgeschlagenheit
- depressive Verstimmung und Stimmungsschwankungen
- Hungerattacken
- Rücken- oder/und Nackenschmerzen

Nicht immer lässt sich eine direkte Verbindung zum vorliegenden RDS feststellen und nicht in jedem Fall sind die genannten Beschwerden tatsächlich Begleitsymptome eines Reizdarms. Gleichwohl scheint in vielen Fällen ein Zusammenhang ganz offensichtlich. Wenn bei Ihnen solcherlei Störungen auftreten sollten, besprechen Sie dies immer zunächst mit Ihrem behandelnden Arzt. Auf diese Weise können Sie sicher ausschließen, dass eine andere Erkrankung die Ursache für Ihre sekundären Beschwerden ist. Ist dies ärztlich festgestellt worden, können Sie die Symptome gezielt behandeln. Gehen Sie aber auch dabei behutsam und zurückhaltend vor (s. Kapitel 3: *„Was hilft? Was schadet?"*). Ein unbedachtes Einnehmen von Medikamenten z. B. bei Kopfschmerzen kann sich unter Umständen nämlich wiederum negativ auf Ihren Darm auswirken. Ein vorsichtiges Austesten ist aber – nach Rücksprache mit dem Arzt – fast immer möglich und sinnvoll.

Manchmal eine halbe Stunde auf dem WC

Ganz gleich, ob Verstopfungs- oder Durchfalltyp: Die Zeit für einen WC-Besuch kann bei Reizdarmpatienten unter Umständen sehr lang sein. Bei Manchem ist eine halbe Stunde und mehr keine Seltenheit. Damit sich hieraus keine weiteren gesundheitlichen Probleme ergeben, sollten Sie Möglichkeiten zur Verbesserung der Toilettensitzungen kennen. In Kapitel 3 komme ich darauf zurück. Zudem sollten Sie Ihren Mitmenschen (vor allem Ihren Kollegen und Freunden) frühzeitig erklären, dass Ihre WC-Besuche auch mal länger dauern können, dass dies aber grundsätzlich kein

Grund zur Besorgnis ist. Es soll schon Fälle gegeben haben, wo verunsicherte Mitarbeiter den Hausmeister mit einem Generalschlüssel riefen, weil sie sich Sorgen um eine Kollegin gemacht haben. Diese sei ihrer Meinung nach bereits „vor Stunden" auf dem WC verschwunden. Später stellte sich heraus, dass die Betroffene zwar unter Reizdarm litt, ansonsten aber putzmunter war.

Offenheit und eine aktive Informationspolitik sind daher sehr wichtig. In Kapitel 5 *„Offensiv sein: Freunde und Kollegen sollten Ihr ‚Geheimnis' kennen!"* gebe ich Ihnen Tipps, wie das ohne Peinlichkeit gelingen kann.

Nur selten nachts

Eine große Rolle beim Reizdarmsyndrom spielen merkliche Veränderungen des Stuhlgangs. Sowohl die Frequenz (Häufigkeit) des Stuhlgangs als auch seine Beschaffenheit (fest, weich) können sich wandeln. Während bei dem Durchfalltyp zumeist recht häufige weiche Stuhlgänge im Vordergrund stehen, haben an Verstopfung leidende RDS-ler nicht selten sehr festen Stuhl. Bei zahlreichen Betroffenen lässt sich eine klare Einordnung allerdings nicht wirklich vornehmen. Hier wechseln sich Durchfall und Verstopfung ab. Nach einer vielfach längeren Phase des „nicht Könnens" entlädt sich der Darminhalt unter kolikartigen Schmerzen als Durchfall. Hierauf folgt meist eine (unterschiedlich lange) schmerzlose oder schmerzarme Phase.

Abgesehen von der unverzichtbaren Ausschlussdiagnose scheint es ein recht typisches Indiz für das Vorliegen eines „echten" Reizdarmsyndroms vom Durchfalltyp zu geben: Die Beschwerden treten nur selten nachts auf. Warum dies so ist, konnte bislang noch nicht wirklich festgestellt werden. Gleichwohl können Sie eine nächtliche Beschwerdefreiheit zunächst einmal als möglichen Hinweis dafür ansehen, dass Sie tatsächlich unter RDS leiden und keine andere Erkrankung dahintersteckt.

Im Sommer schlimmer?

Ich bin mir nicht sicher, ob es nur mein persönlicher Eindruck ist oder ob dieses Phänomen auch andere RDS-ler betrifft: Bei großer Hitze im Sommer scheint es mit den Durchfällen schlimmer zu sein. Ich habe zu diesem Thema mal ein wenig recherchiert und bin über ein paar ähnliche Beschreibungen von Leidensgenossen gestolpert. Liegt es vielleicht am vermehrten Trinken in der warmen Jahreszeit? Oder ist der Körper stärker mit der Aufrechterhaltung seiner Funktionen beschäftigt? Ich weiß es nicht. Aber ich kann Ihnen sagen: Es scheint nicht ungewöhnlich zu sein, dass wir Reizdarmgeplagte im Sommer noch öfter zur Toilette müssen als zu anderen Zeiten.

Kann ein Leistenbruch hinter dem Reizdarm stecken?

Trotz aller in den letzten Jahren angestrebten Forschung sind die Ursachen für ein Reizdarm-Leiden bis heute weitestgehend unbekannt. Neben den Auswirkungen von Magen-Darm-Infekten oder einer zurückliegenden Antibiotika-Therapie werden inzwischen auch Bakterien-Fehl-besiedlungen und Pilze diskutiert. Selbst der uralte Faktor Stress gehört noch immer zum Kreis der Verdächtigen. Über all diese möglichen Gründe für das Auftreten eines Reizdarmes hinaus gibt es aber auch Mediziner-Meinungen, die direkte körperliche (anatomische) Ursachen in Erwägung ziehen.

Als ich vor nunmehr rund 15 Jahren an einem Leistenbruch operiert wurde, sagte der behandelnde Chirurg (ein sehr erfahrener Spezialist) zu mir:

„Manchmal erleben wir, dass solche Beschwerden nach einer Leistenbruch-OP verschwinden."

Er meinte also offenbar, dass Reizdarm-Symptome durchaus auch aufgrund eines quasi „von außen", also durch den Bruch, gereizten Darmes entstehen können.

In wieweit dies tatsächlich so ist, vermag ich nicht einzuschätzen. Bei mir hat sich seinerzeit hinsichtlich der RDS-Beschwerden nach der Leistenbruch-OP nichts verändert. Aber vielleicht finden andere Patienten hier doch einen Weg, von ihrem Leiden erlöst zu werden.

Die Weißkittel-Odyssee:
Am Anfang steht fast immer ein
Ärzte-Marathon

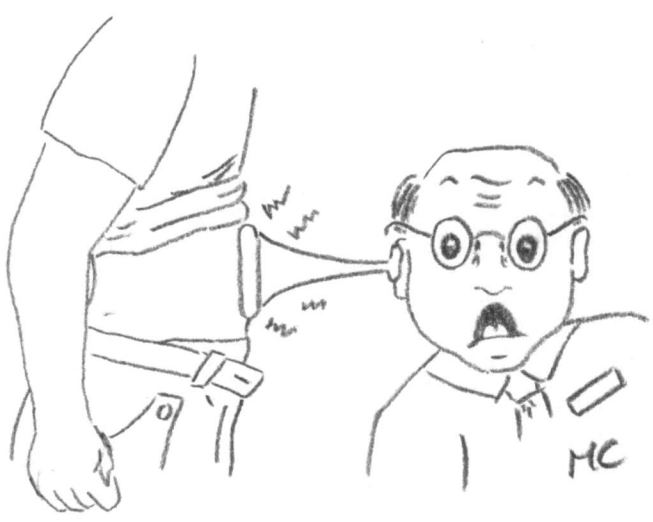

Kapitel 2 | Die Weißkittel-Odyssee: Am Anfang steht fast immer ein Ärzte-Marathon

Bleiben wir noch einen Augenblick bei den Ärzten. Fast alle RDS-ler durchlaufen am Anfang ihres Leidens die reinste Weißkittel-Odyssee. Da der Weg bis zur – endgültigen – Diagnose Reizdarm zumeist ein recht langer ist und es viele zum Teil recht unangenehme Untersuchungen zu überstehen gilt, können die meisten Betroffenen ein Lied von der nicht immer rundum perfekten Betreuung der beteiligten Mediziner singen. Manchmal nicht ganz erst genommen, als „Simulant" abgestempelt oder auch zum „Versuchskaninchen" mit der Teilnahme an allen nur möglichen Tests erkoren, ist das Spektrum der Patienten-Erfahrungen breit. Und der Frust dabei oft groß.

Damit auch Dritte etwas von dem erfahren, was wir RDS-Geplagten hier oft hinter uns haben und uns auf diese Weise vielleicht ein wenig besser verstehen können, habe ich im nachfolgenden Kapitel im groben Überblick zusammengetragen, wie der Ablauf einer „normalen" Reizdarm-Diagnostik vor sich geht.

Der Hausarzt als erster Anlaufpunkt

Zumeist führt der Weg einen Betroffenen zunächst zum Hausarzt. Da dieser allerdings meist schnell an seine diagnostischen Grenzen stößt, wird er seinen Patienten nach einer „Allgemeininspektion" und einem Labor (Blutbild) in vielen Fällen rasch zu einem Internisten oder im Idealfall zu einem Facharzt für Gastroenterologie überweisen.

Hier werden dann in aller Regel zunächst einmal eine Reihe von Unverträglichkeitstests auf bestimmte Lebensmittel bzw. Stoffe (vor allem auf Laktose und Fruktose) durchgeführt. Oft wird auch ziemlich schnell ein Termin zur Magen- und Darmspiegelung vereinbart.

Da die moderne Medizintechnik derlei Untersuchungen inzwischen auch in größerem Umfang möglich macht, greifen Ärzte schnell zu diesen Diagnostikwegen.

Es ist wohl keine Frage. dass Magen- und Darmspiegelungen eine gute Hilfe dabei sein können, hinter die Ursachen für Verdauungsbeschwerden zu kommen. Gleichwohl bergen diese Diagnoseverfahren aber auch eine Reihe von Risiken, die immer ins Verhältnis zum möglichen Nutzen gesetzt werden sollten.

Angesichts der Tatsache, dass eine Darmspiegelung nach entsprechenden Studien amerikanischer Mediziner in rund 1 von 127 Fällen zu solcherlei Komplikationen führt, dass die Betroffenen eine Notaufnahme ansteuern müssen, kann hier meiner Meinung nach kaum mehr von einer harmlosen Untersuchungsmethode gesprochen werden.

Die bei oder nach der Untersuchung auftretenden Probleme reichen nach den hierzu veröffentlichten Informationen von kleineren Blutungen über leichte Verletzungen bis hin zu Darmdurchbrüchen.

Insofern gilt es, eine Koloskopie gut zu überlegen und immer mit dem Hausarzt oder einem vertrauenswürdigen Mediziner vorab gründlich zu besprechen.

Ohne Frage: Tendiert auch eine Zweitmeinung zur Untersuchung oder liegen plausible Gründe für eine Darmspiegelung vor, sollte diese auch unbedingt durchgeführt werden. Blind zu jedem Untersuchungsangebot Ja zu sagen, ist aber kaum sinnvoll.

Viele andere Erkrankungen müssen zunächst ausgeschlossen werden

Um zu einer sicheren Diagnosestellung „Reizdarmsyndrom" zu gelangen, müssen eine Reihe von Erkrankungen mit ähnlichen Symptomen sicher ausgeschlossen werden. Hierzu zählen unter anderem:

- Milchzuckerunverträglichkeit (Laktose-Intoleranz)
- Fruchtzuckerunverträglichkeit (Fruktose-Intoleranz)
- Gluten-Unverträglichkeit (Zöliakie)
- chronisch-entzündliche Darmerkrankungen (wie Morbus Crohn und Colitis ulcerosa)

Auch Diabetes und Schilddrüsenerkrankungen sollten zu den gesundheitlichen Störungen gehören, die der Arzt vor der Diagnose „Reizdarm" ausgeschlossen hat. In letzter Zeit zunehmend an Bedeutung gewinnt auch eine mögliche Fehlbesiedelung mit „schlechten" oder „falschen" Bakterien. Inwieweit hier tatsächlich Auswirkungen auf vorliegende Reizdarmbeschwerden bestehen, muss im Einzelfall und nach Absprache mit dem behandelnden Arzt geklärt werden.

Probieren geht oft über Studieren:
Was hilft, was schadet?

Kapitel 3 | Probieren geht oft über Studieren: Was hilft, was schadet?

Ich habe Ihnen versprochen, im vorliegenden Buch vor allem Alltagstipps für das Leben mit dem Reizdarm-Syndrom zu geben. Daher soll an dieser Stelle grundsätzlich auch schon der Teil enden, in dem sich bekannte medizinische Fakten zu Symptomen und Beschwerden häufen.

Gleichwohl lässt sich manches – insbesondere im Bereich möglicher Therapien – nicht ganz so klar trennen, wie man es sich wünschen würde. Insofern bitte ich um Nachsicht, wenn hier und da weiterhin ein paar „Basics" zum Reizdarm ins Spiel kommen, die uns „Insidern" ja hinlänglich bekannt sind.

Kapitel 3 habe ich mit der Überschrift versehen: *„Probieren geht oft über Studieren: Was hilft, was schadet?"* Ich möchte damit andeuten, dass es in der Fülle der Behandlungskonzepte und -vorschläge sowohl sinnvolle als auch unnütze oder gar schädliche Wege gibt. Neben klassischen Hausmitteln werfen wir hier auch einen Blick auf die sogenannte Darmsanierung sowie auf die uns RDS-lern nicht selten empfohlene Teilnahme an Yoga-Kursen.

Der Klassiker: Wärme!

Wärme – so sagt man – tut dem Wohlbefinden gut. Das wusste schon Großmutter und brachte uns in Kindertagen eine Wärmflasche ans Bett, wenn wir Bauchweh hatten. Und was damals half, hilft in vielen Fällen wohl auch beim Reizdarmsyndrom.

Es ist ja schon von alters her bekannt, dass Wärme auf dem Bauch dazu geeignet ist, Krämpfe zu lösen und Schmerzen zu lindern. Insofern spricht grundsätzlich nichts gegen die – vorschriftsgemäße! – Benutzung einer Wärmflasche. Auch ein Körnerkissen kann hier zum Einsatz kommen.

Verschiedentlich wurde zudem von der sehr positiven Wirkung feucht-warmer Umschläge berichtet, die den Magen-Darm-Trakt wirksam beruhigen können – vor allem in Kombination mit einer Tasse frischem Kamillen-, Pfefferminz- oder Fencheltee.

Mir persönlich hilft auch ein heißes Bad sehr gut. Mit einem guten Badezusatz, welcher idealerweise Lavendelöl oder auch Melisse enthält, ist die Entspannung dann in aller Regel nicht schwer.

Toilettenhocker

Aus guten Gründen warnen die Ärzte vor zu langen „Sitzungen" auf der Toilette. Schließlich könnten sich so unter anderem Hämorrhoiden bilden, welche ihrerseits zu weiteren großen Problemen führen.

Doch egal, ob Sie zum Durchfalltyp zählen oder mit Verstopfungen zu kämpfen haben – zeitintensive WC-Besuche gehören für Reizdarm-Patienten oft zum Alltag und lassen sich gar nicht immer vermeiden. Die Auswirkungen langer Toilettengänge bestehen jedoch neben der bereits erwähnten Hämorrhoidal-Gefahr auch in einer Belastung der Venen in den Oberschenkeln.

Wie in der letzten Zeit immer wieder zu lesen und zu hören war, ist die europäische bzw. generell die westliche Art der Toilettenbenutzung anatomisch sehr ungünstig. Für eine möglichst rasche und in erster Linie auch schmerzlose Entleerung wäre die Hockstellung um Längen besser.

Damit eine solche positive Sitzposition auch auf gewöhnlichen Toiletten erreicht werden kann, gibt es im Handel seit einiger Zeit sogenannte Toilettenhocker. Diese Toilettenhocker können ganz bequem an ein herkömmliches WC-Becken herangestellt werden; aufgrund der besonderen Formgebung der Hocker gelingt dies auch in engeren Toilettenräumen, etwa in einem Gäste-WC.

Wenn Sie Ihre Füße auf der Oberseite des Toilettenhockers abstellen, nimmt Ihr Körper ganz automatisch eine günstigere Sitzposition ein. In vielen Fällen wird Ihnen die Stuhlentleerung auf diese Weise dann spürbar leichter fallen und die „Sitzungszeit" ist nicht mehr so lang.

Zwischenmahlzeiten

Bei mir persönlich war es am Anfang meiner Reizdarmzeit so, dass ich vor allem dann mit Durchfällen zu tun hatte, wenn ich länger schlief.

Während der Woche stand ich in aller Regel vor 6 Uhr auf, an Wochenenden deutlich später. Nun gibt es bei mir die Besonderheit, dass mir etwa 4 Jahre vor dem Auftreten der ersten RDS-Symptome die Gallenblase aufgrund eines Gallensteinleidens entfernt wurde.

Dass ein Zusammenhang zwischen meinem Reizdarm und dem Zustand nach der Entfernung meiner Gallenblase besteht, konnte medizinisch nie nachgewiesen werden. Fakt ist aber, dass mir

Zwischenmahlzeiten dabei helfen, die Beschwerden zu lindern.

Irgendwie habe ich den Eindruck, dass der offenbar permanent fließende (weil ja aufgrund der fehlenden Gallenblase nicht mehr gespeicherte) Gallensaft den Darm irritiert.

Die Durchfall-Attacken nach einer längeren Schlaf-Phase konnte ich jedenfalls dadurch weitestgehend beseitigen, dass ich mir eine Packung Kekse ans Bett gestellt habe und nachts bzw. in den frühen Morgenstunden einen halben oder auch mal einen ganzen Keks esse.

Auch unterwegs habe ich grundsätzlich immer eine kleine Rolle Kekse dabei, um (teilweise sogar schmerzhafte) Hungeranfälle zu vermeiden.

Mir hilft dieses Vorgehen seit vielen Jahren.

Vorsicht bei der Darmsanierung!

Unser Darm enthält ungefähr 1,5 Kilogramm Bakterien. Ein Mensch hat etwa zehnmal mehr Bakterien im Dickdarm als Zellen im ganzen Körper. Angesichts dieser Tatsache hat sich in den letzten Jahren – in erster Linie unter Alternativmedizinern – die Ansicht durchgesetzt, mit einer sogenannten Darmsanierung die „bösen" oder „falschen" Bakterien ausspülen und „gute" bzw. „richtige" ansiedeln zu können. Ob dies bei jedem Menschen wirklich funktioniert, ist bislang offen.

Zwar werden im Rahmen der Sanierung die vorhandenen Bakterien beseitigt, doch bereits nach 24 Stunden bis maximal 3 Tagen ist die normale Bakterienflora im Darm häufig wiederhergestellt. Überdies können direkt an der Darmwand befindliche Bakterien mit einer Darmspülung vermutlich nicht beseitigt werden. Und bei alldem ist eine Darmsanierungsmaßnahme auch nicht frei von Risiken. So kann es beispielsweise für Patienten mit Bluthochdruck gefährlich sein, den Salzgehalt im Körper übermäßig zu erhöhen.

Sie sollten also – abgesehen vom RDS – rundum fit sein und immer zunächst einen Arzt zu Rate ziehen, bevor Sie sich auf eine Darmsanierung einlassen.

Manche Lebensmittel werden prima vertragen

Welche Lebensmittel von einem RDL-ler vertragen werden, ist sehr unterschiedlich. Lassen Sie sich daher nicht vorschnell von Aussagen wie: *„Iss niemals Champignons!"*, *„Bloß keine Ananas!"* oder *„Kaffee ist bei Reizdarm Gift!"* verunsichern.

Probieren Sie einfach vorsichtig und behutsam aus, was Ihnen guttut und was Sie lieber meiden sollten. Sinnvoll kann dabei auch das Führen eines Ernährungstagebuchs sein. Schreiben Sie auf, was Sie wann gegessen haben und wie Ihr Befinden an den einzelnen Tagen war. Bedenken Sie dabei, dass manche Lebensmittel auch erst einen oder zwei Tage später Probleme machen können! Ihre Aufzeichnungen sollten Ihnen helfen, das herauszufinden.

Was die Speisereihenfolge für Auswirkungen hat

In den letzten Jahren kamen an verschiedenen Stellen Stimmen auf, wonach die Reihenfolge der bei einer Mahlzeit zu sich genommenen Lebensmittel großen Einfluss auf eine gesunde Verdauung haben würde. So sei die in unseren Breiten zu findende Regel *Vorsuppe - Hauptgang - Dessert* alles andere als gesund und wäre – vor allem, wenn es

Obst als Nachtisch gäbe – für die Entstehung von Blähungen und Stuhlunregelmäßigkeiten verantwortlich. Als Hintergrund wird hier der Prozess unterschiedlicher Verdauungszeiten der einzelnen Nahrungsmittel genannt: Während Stoffe mit hohem Wassergehalt schnell verdaut werden, benötigen fett-, eiweiß- und kohlenhydrathaltige Lebensmitteln deutlich länger.

Bei der nacheinander (in Schichten) stattfindenden Verdauung im Magen erfolge grundsätzlich keine Vermischung der einzelnen Substanzen, sodass eine „falsche" Reihenfolge zu entsprechenden Probleme führen würde. Beim Obst – welches naturgemäß eine sehr kurze Verdauungszeit hat – kommt es durch vorgelagerte Nahrungen zu einem Transport-Stopp. Die Folge ist ein ungünstiger Gärungsprozess und die Entstehung von Fäulnis bereits vor dem Erreichen des Darms. Vitamine und Mineralien gehen verloren.

Statt einem Schnitzel mit Apfelkompott als Nachtisch sollte man es also andersherum machen: erst das Obstdessert, dann das Fleisch.

Ob dies tatsächlich zu einer merklichen Verbesserung der Befindlichkeit führt, kann ich nicht sagen – ich habe diese Anregung schlicht und einfach noch nicht ausprobiert.

Fünf Buchstaben sorgen für viel Wirbel: FODMAP

Ein noch recht junger aber grundsätzlich interessanter Ansatz in der Reizdarmtherapie scheint der Blick auf möglicherweise negative Auswirkungen von vergärbaren Kohlenhydraten zu sein. Es gibt eine ganze Reihe von Lebensmitteln, die diese fermentierbaren Stoffe enthalten und die bestimmten Menschen beim Verzehr unter Umständen Probleme bereiten – Probleme, die sich in Reizdarmsymptomen äußern könnten.

Die hier in Rede stehenden Nahrungsmittel werden als FODMAPs bezeichnet – als „fermentable oligo-, di- and monosaccharides and polyols" oder auf Deutsch: „fermentierbare Oligo-, Di- und Monosaccharide sowie Polyole". Was sehr wissenschaftlich und recht chemisch klingt, meint Stoffe, die beispielsweise in Milchzucker, in Stärke und Fruchtzucker (Einfachzucker) sowie in zahlreichen Süßstoffen (Zuckeralkoholen) zu finden sind.

Die Überlegungen der Forscher laufen darauf hinaus, dass eine Aufnahme von FODMAPs das Einströmen von Wasser in den Darm verstärkt und es in der Folge zu Durchfällen kommt. Überdies bildet sich aufgrund der Gärung im Darm offenbar viel Luft – die Folge sind zum Teil schmerzhafte Blähungen. Und nicht zuletzt wird auch die Vermutung diskutiert, dass eine FODMAP-lastige Ernährung die Zusammensetzung der Darmbakterien negativ verändern könnte. Durch einen konsequenten Verzicht auf FODMAPs soll sich die Gesundheit möglicherweise deutlich verbessern lassen und Reizdarm-Symptome könnten verschwinden.

Ob dies tatsächlich für die Mehrzahl der Betroffenen stimmt, wird die weitere Forschung in dieser Richtung zeigen.

Sie selbst können sicher mit dem Gedanken spielen, es einfach einmal auszuprobieren. Allerdings dürfen Sie eine FODMAP-Diät immer nur nach Rücksprache mit Ihrem Arzt in Angriff nehmen, da bei falschem Vorgehen Risiken wie beispielsweise eine Mangelversorgung mit lebenswichtigen Vitaminen und Mineralstoffen droht.

Eine Liste bekannter FOMAPS erhalten Sie (hoffentlich!) von Ihrem Arzt oder finden Sie im Internet.

Yoga für RDS-ler?

Ich weiß, dass meine nun folgende Warnung für eine nicht geringe Zahl von Lesern überraschend wirken muss: Vorsicht vor Yoga! Ja, Sie haben richtig gelesen: Vorsicht vor Yoga! Ich spreche diese Warnung ganz bewusst aus, denn ich bin der Überzeugung, dass diese fernöstliche Meditations- und Bewegungspraktik keineswegs so harmlos ist, wie uns allerorten vorgegaukelt wird.

Da wären zunächst die direkten Risiken zu nennen, die in Verletzungen und körperlichen Schädigungen bestehen können. In den USA wurde kürzlich eine entsprechende Studie durchgeführt, bei der Mediziner der University of Alabama herausfinden wollten, wie häufig schwere Yogaunfälle und -verletzungen auftreten. Im Ergebnis kamen die Experten zu dem Resümee, dass Verletzungen und sogar Schlaganfälle nach einer Verdrehung der Halswirbelsäule möglich sind. Ausgewertet wurden entsprechende Meldungen von Krankenhäusern über Yoga-Unfälle bzw. über Beschwerden, deren Beginn im Zusammenhang mit der Durchführung von Yoga stand. Im Zeitraum zwischen 2001 und 2014 wurden insgesamt 29.590 derartige Meldungen gezählt.

Neben den erwähnten physischen Problemen, die sich aus Yoga ergeben können, sollte immer auch bedacht werden, dass es eine tiefere, geistliche Seite dieser oft als eine Art „Sport" betrachteten Übungen gibt. Da Yoga der indischen Philosophie des Hinduismus entstammt und bis in unsere Tage als spiritueller Weg zur Erleuchtung gilt, kann Yoga grundsätzlich nicht von seinen Wurzeln losgelöst betrachtet werden. Es erfasst vielmehr den gesamten Menschen mit Körper, Geist und Seele.

Mike Shreve, ein ehemaliger Yoga-Lehrer, ist mit seinem Wissen vor einiger Zeit an die Öffentlichkeit gegangen und hat klar betont, dass Yoga dazu diene, die sogenannten „Chakras" zu öffnen und dass durch die Meditation der Energiefluss angeregt werden soll. Jedes „Chakra" sei mit einer Hindu-Gottheit verbunden – dämonischen Mächten würde hier eine Tür geöffnet.

Aus diesen Gründen sollte sich jeder Mensch – nicht nur der Reizdarm-Patient – gut überlegen, ob er sich mit Yoga einlassen will oder ob er sich lieber davon fernhält.

Kapitel 4

Pillen & Co: Medikamente sind leider nur selten eine Lösung

Kapitel 4 | Pillen & Co: Medikamente sind leider nur selten eine Lösung

Seitdem das Reizdarmsyndrom in der breiten Bevölkerung zunehmend ein Thema geworden und dadurch das Interesse an der Krankheit gestiegen ist, sind auch die Pharmahersteller aufgewacht. Galt früher noch das Motto „Am Reizdarm kann man nicht verdienen", hat mit der Entwicklung zur Volkskrankheit auch ein Umdenken bei den Medikamentenherstellern begonnen. Angesichts der zu erwartenden stärkeren Nachfrage sind sie nun eher bereit, in Forschungsprojekte zu investieren. In der Folge wurden immer mehr Präparate auf den Markt gebracht, die eine Linderung der Symptome oder gar eine Heilung versprechen.

Inwieweit diese manchmal recht vollmundigen Aussagen der Wirklichkeit im Leben von uns RDSlern entsprechen, kann nur jeder für sich selbst herausfinden.

Auf jeden Fall sollte die Einnahme bestimmter Medikamente – auch wenn sie frei verkäuflich sind – immer nur in Absprache mit dem behandelnden Arzt erfolgen. Selbstversuche in Eigenregie können riskant sein und das Leiden am Ende eher verschlimmern als verbessern.

Aktuell werden in Apotheken, Reformhäusern und Drogerie-Fachmärkten vor allem die nachfolgend beschriebenen Mittel angeboten. Welches Produkt über was für einen Zeitraum und in welcher Dosierung Sie persönlich – wenn überhaupt! – einnehmen sollten, kann Ihnen nur Ihr Arzt sagen.

Mir ist es an dieser Stelle lediglich ein Anliegen, Ihnen die wohl verbreitetsten Pillen & Co. gegen Reizdarm-Beschwerden kurz vorzustellen.

Krampflöser (Spasmolytika)

Stehen vor allem Bauchschmerzen im Zentrum Ihrer RDS-Beschwerden, werden Ihnen vom Arzt eventuell krampflösende Medikamente, sogenannte Spasmolytika, empfohlen oder verordnet. Einige dieser Präparate können Sie ohne Rezept frei in der Apotheke kaufen.

Während Tropfen mit dem Wirkstoff Papaverin stets verschreibungspflichtig sind, werden beispielsweise Mittel mit einer Kombination aus Kümmelfrüchten, Kamillenblüten, Schöllkraut und weiteren pflanzlichen Stoffen an jedermann verkauft. Letztere sind zumeist milder als chemische Spasmolytika und haben auch zum Teil deutlich weniger Nebenwirkungen.

Entschäumer

Gegen Gase und Blähungen beim Reizdarm gibt es offenbar nur sehr wenige wirkungsvolle Medikamente. Grundsätzlich sind sogenannte Entschäumer mit dem Wirkstoff Dimeticon eine mögliche Option. Ihre Antischaumwirkung sorgt dafür, dass Blähungen und Gasansammlungen im Bauchraum verringert werden. Im Allgemeinen sind Entschäumer recht gut verträglich.

Abführmittel/Medikamente gegen Verstopfung

In den Apotheken werden jedes Jahr große Mengen an Abführmitteln verkauft. Auch in den Regalen von Drogerie-Fachmärkten finden sich die verschiedensten Produkte, welche eine schnelle und unkomplizierte Darmentleerung versprechen.

Als RDS-ler vom Verstopfungstyp haben Sie möglicherweise schon über den Einsatz solcher

Mittelchen nachgedacht oder sie sogar schon ausprobiert.

Fakt ist: Abführmittel sollten niemals überdosiert und über einen längeren Zeitraum eingenommen werden. Bei falscher Anwendung drohen sonst möglicherweise sehr unangenehme Komplikationen – vom Gewöhnungseffekt ganz zu schweigen.

Bevor Sie daher – immer nach Rücksprache mit Ihrem Arzt! – zu entsprechenden Medikamenten greifen, sollten Sie erst einmal alle anderen Möglichkeiten ausloten.

Vielleicht haben Sie das bereits getan – falls nicht, kommen hier ein paar nützliche Tipps:

- Überprüfen Sie die Regelmäßigkeit Ihrer Toilettengänge

- Lassen Sie sich auf dem WC nicht durch die Lektüre von Zeitungen und Büchern oder durch Ihr Smartphone ablenken

- Nehmen Sie viele Ballaststoffe zu sich; vor allem Getreideprodukte, Obst und Gemüse

- Erhöhen Sie die Flüssigkeitsaufnahme

- Treiben Sie Sport mit viel Bewegung, z. B. Radfahren oder Laufen

- Reduzieren Sie Stress und Anspannungen im Alltag

- Nehmen Sie eine Ernährungsberatung in Anspruch

Erst wenn all diese Maßnahmen versagen, sollten Sie über die – maßvolle! – Einnahme von Abführmitteln nachdenken.

Durchfallmittel

Wer vorwiegend von Durchfall geplagt ist, hat möglicherweise schon einmal mit dem Gedanken gespielt, ein Medikament gegen diese lästige Plage einzunehmen.

Einige Antidiarrhoika (so lautet der medizinische Fachbegriff für Durchfallpräparate) können rezeptfrei in der Apotheke erworben werden. Vor allem Mittel mit dem Wirkstoff Loperamid sind unter durchfallleidenden RDS-lern oft im Gespräch. Vielfach wird die Einnahme solcher Mittel z. B. vor einer Flugreise empfohlen, da die Benutzung der Toiletten an Bord – insbesondere während Start und Landung, Steig- und Sinkflug mit Anschnallpflicht – grundsätzlich unmöglich ist.

Die Eigenschaft von Loperamid besteht in der Hemmung der normalen Darmbewegungen (Peristaltik). Nach allgemeiner Lesart sind Präparate mit diesem Wirkstoff für Erwachsene und für Jugendliche ab einem Alter von 12 Jahren geeignet.

Eine Anwendung von Peristaltikhemmern kann sich allerdings auch negativ auswirken. So erleben Reizdarmpatienten vom Durchfalltyp in aller Regel eine Erleichterung nach dem Stuhlgang, weswegen ein künstlich hervorgerufenes Zurückhalten der Ausscheidung unter Umständen sehr unangenehm werden kann. Mitunter können dabei Blähungen und Bauchschmerzen als Nebenwirkungen auftreten.

Überlegen Sie sich daher gut, ob Sie Medikamente mit Loperamid tatsächlich einnehmen wollen. Besprechen Sie am besten mit Ihrem Arzt, wie dieser Ihre konkrete Situation einschätzt. Denken Sie immer auch daran, dass bei übermäßiger Einnahme von Medikamenten möglicherweise ein Gewöhnungseffekt eintreten kann, der die dringend notwendige Wirkung bei heftigen Krankheitsphasen abschwächt.

Probiotika

In der Medizin ist schon recht lange bekannt, dass sich in der Darmflora jede Menge Bakterien tummeln. Für eine störungsfreie Funktion des Verdauungstraktes ist deren richtige Zusammensetzung von großer Bedeutung.

Wie die Forscher herausgefunden haben, kann die Darmflora bei RDS-lern ungünstig verändert sein. Die „falschen" Bakterien machen in diesem Fall Kummer in Form von Blähungen, Schmerzen und Durchfällen. Der Zweck von Probiotika ist es nun, die eigene Darmflora nachhaltig zu verbessern und bei der Verdauung von Nahrungsmitteln zu helfen, indem das Ungleichgewicht aus förderlichen und eher negativen Bakterien im Darm beseitigt wird.

Ob dies immer in der gewünschten Weise passiert, ist nicht sicher. So gibt es Patienten, die mit Probiotika sehr gute Erfahrungen gemacht haben und andere, die keinerlei Veränderung Ihres Zustandes feststellen konnten. Eine dritte Gruppe von Betroffenen wiederum hat festgestellt, dass Probiotika ihre Symptome eher noch verschlimmern. Auch scheint es Hinweise darauf zu geben, dass Probiotika bei Menschen mit geschwächtem Immunsystem möglicherweise dazu in der Lage sind, Infektionen hervorzurufen. Insofern gilt auch hier: Es muss im Einzelfall und nach Rücksprache mit dem behandelnden Arzt geprüft werden, was sinnvoll ist.

Angeboten werden Probiotika in unterschiedlicher Form, als Tabletten, Kapseln oder auch als Trinklösungen. Zudem gibt es eine Reihe von Lebensmitteln, die von Hause aus mit probiotischen Stoffen daherkommen. Zu ihnen zählt beispielsweise Joghurt.

Wichtig zu wissen: Damit Bakterien als probiotisch bezeichnet werden können, müssen sie dazu in der Lage sein, die säurehaltige Umgebung des Magens zu passieren und den Darm unbeschadet zu erreichen.

Antidepressiva

In einigen Fällen verschreiben die Ärzte beim Reizdarmsyndrom Antidepressiva. Der Hintergrund dieser Vorgehensweise ist weniger die Absicht, das psychische Befinden des Patienten zu verbessern, als vielmehr aufgrund der besonderen Wirkweise dieser Medikamente direkt Einfluss auf den Darm zu nehmen. Dies scheint auch tatsächlich bei einer gewissen Zahl Betroffener zu funktionieren.

Nicht zuletzt spielt hierbei wohl die Tatsache eine Rolle, dass der menschliche Darm offenbar wie ein „zweites Gehirn" konstruiert ist. Er wird in letzter Zeit deshalb auch immer häufiger als „Bauchhirn" bezeichnet.

Durch die Anwendung von Antidepressiva soll nun gezielt auf die Nerven im Verdauungstrakt eingewirkt und ferner die Signalübertragung vom Darm zum Gehirn begrenzt werden. Ziel dieser Therapie ist es, die Schmerzrate und -intensität zu senken.

Leider wirken Antidepressiva nicht bei allen RDS-Betroffenen. Und sie können durchaus unangenehme Nebenwirkungen haben. Sie sollten also auch hier sehr vorsichtig sein und ggf. auch eine Indikation Ihres Arztes kritisch hinterfragen.

Pfefferminzöl

In Drogerie-Fachmärkten und Reformhäusern werden bislang verschiedene Pfefferminzöl-Präparate angeboten, die gegen das Reizdarmsyndrom helfen sollen. Da Pfefferminzöl dafür bekannt ist, die glatte Muskulatur im Darm zu entspannen, kann es möglicherweise auch gegen Bauchschmerzen helfen.

Eine Warnung muss leider noch sein ...

Das Reizdarmsyndrom wirkt sich nach dem aktuellen Stand der medizinischen Forschung offenbar nicht auf die persönliche Lebenserwartung aus. Als RDS-Patient können Sie also praktisch genauso alt werden, wie Ihre „gesunden" Freunde, Nachbarn, Kollegen und Verwandten.

Damit allerdings durch die bei Ihnen bestehenden Beschwerden nicht etwa andere, ernste Krankheiten kaschiert werden, müssen Sie bei den folgenden (neu) auftretenden Symptomen unbedingt zeitnah einen Arzt aufsuchen:

- Ihre Beschwerden verstärken sich plötzlich

- Sie haben Blut im Stuhl

- Sie stellen fest, dass Ihre Symptome (anders als bisher) nunmehr auch in der Nacht auftreten

- Sie leiden an Appetitlosigkeit

- Sie haben aus unerklärlichen Gründen an Gewicht verloren

- Sie haben starken Durchfall, der länger als 3 Tage andauert

- In Ihrer Familie ist gehäuft Darmkrebs aufgetreten

Selbstverständlich muss keine der genannten Symptome auf einer schwerwiegenden Krankheit beruhen – nicht einmal, wenn alle zusammen auftreten. Aber getreu des alten Mottos: *„Vorsicht ist die Mutter der Porzellankiste"* sollten Sie bei diesen oder ähnlichen Beschwerden trotzdem einen Arzt Ihres Vertrauens zurate ziehen. Denn sicher ist sicher!

Offensiv sein:
Freunde und Kollegen sollten Ihr
„Geheimnis" kennen!

Kapitel 5 | Offensiv sein: Freunde und Kollegen sollten Ihr „Geheimnis" kennen!

Kein Mensch möchte gern als krank gelten. In einer Gesellschaft, in der Fitness, Mobilität und Lebensfreude der Inbegriff alles Positiven sind, werden gesundheitliche Einschränkungen von vielen als Makel betrachtet. Ein Blick in die Illustrierten oder in die große bunte Welt des Films macht deutlich, dass scheinbar nur kräftige und gesunde Menschen gefragt sind und Erfolg haben.

Auch wenn all dies nichts als Show ist, wissen wir doch: Als Reizdarm-Patienten können wir hier in keiner Weise mithalten. Aufgrund unserer vielfältigen Einschränkungen, mit denen wir im alltäglichen Leben konfrontiert sind, bleiben uns viele Möglichkeiten von vornherein verwehrt. Spontane Restaurantbesuche? Ein Kurztrip an die Nordsee oder eine Tagestour durch die Alpen? Lieber nicht ...

Selbstverständlich wären wir alle gerne genauso gesund, wie es – scheinbar – unsere Freunde, Kollegen und Nachbarn sind. Und letztlich wollen wir auch nicht jeden Tag mit einem Schild um den Hals herumlaufen, auf dem steht: *„Ich habe Reizdarm!"* Doch gerade die Offenlegung unserer gesundheitlichen Kümmernisse bringt uns in der Bewältigung alltäglicher Aufgaben und Pflichten einen ganz entscheidenden Schritt weiter.

Wie jedoch geht man diese Offenheit am besten an? Wie beginnt man ein Gespräch zum Thema Reizdarm?

Wie man ein Gespräch über Reizdarm beginnen kann

Die Frage, wie man ein Gespräch über die Erkrankung am besten beginnt, hängt in erster Linie vom jeweiligen Gegenüber ab. In der Familie bieten sich andere Einstiegsmöglichkeiten an, als etwa am Arbeitsplatz. Noch anders verhält es sich, wenn Sie sich gerade auf der Suche nach einem Partner fürs Leben befinden.

Doch so schwer es Ihnen auch fallen mag, das Thema zur Sprache zu bringen, Sie sollten es unbedingt tun!

Nachfolgend habe ich Ihnen ein paar Vorschlä-
ge für die häufigsten Begegnungen zusammengestellt.

In der Familie:

Die meisten Ihrer Angehörigen werden Ihren
Leidensweg vermutlich „hautnah" miterlebt haben. Gleichwohl gibt es auch entferntere Verwand-
te, denen Sie nicht regelmäßig, sondern nur von
Zeit zu Zeit begegnen. Steht also die nächste große
Feier an und sehen Sie Onkel Alwin oder Tante
Petra seit Jahren zum ersten Mal wieder, dann fällt
ganz bestimmt die Frage: *„Wie geht's?"* Und damit
haben Sie schon eine tolle Steilvorlage für Ihre Geschichte!

Sollte dieser verbreitete Small-Talk-Einstieg von
Ihren Verwandten nicht angestoßen werden, dürfen Sie selbst aktiv werden und Ihr Gegenüber
nach seinem Befinden befragen. Hören Sie gut zu,
was Ihnen der oder die Familienangehörige berichtet. Oft wird Ihnen nämlich auch eine Krankheits-
geschichte erzählt, auf die Sie mit Ihrer eigenen
reagieren können. Notfalls sagen Sie einfach, dass
es Ihnen eigentlich sehr gut geht, Sie allerdings
schon lange Zeit Kummer mit Ihrem Bauch haben.
Nennen Sie dabei unbedingt den Namen „Reiz-

darmsyndrom" und erläutern Sie kurz, dass Ihr Darm ein gewisses Eigenleben entwickelt hat, welches Ihnen im Alltag oft ziemlich zu schaffen macht.

Sollte Ihr Gesprächspartner Sie in diesem Zusammenhang fragen, ob Sie vielleicht größerem Stress ausgesetzt sind (die alte Geschichte vom „nervösen Darm"!), dann weisen Sie darauf hin, dass Ihre Beschwerden körperlicher Natur sind und die Ursache dieser Erkrankung für Forscher und Mediziner noch weitestgehend im Dunkeln liegt. In den meisten Fällen genügt ein solches Gespräch, um ein Mindestmaß an Verständnis und Anteilnahme zu erreichen.

Am Arbeitsplatz:

Am Arbeitsplatz über Ihre Beschwerden zu sprechen, ist ungleich schwieriger. Neben einem zumindest latenten Konkurrenzdruck (niemand möchte sich als Schwächling outen!) spielen hier auch die Distanz zu Kollegen und das Vorgesetzten-Untergebenen-Verhältnis eine große Rolle.

Trotz dieser nicht leichten Situation müssen Sie Ihr gesundheitliches Problem unbedingt benennen! Und zwar nicht erst Monate oder gar Jahre nach der Diagnose oder nach Ihrem Eintritt in die betreffende Firma, sondern möglichst unmittelbar. Alles andere führt nur dazu, dass Sie irgendwann kopfschüttelnd gefragt werden, warum Sie dies nicht längst gesagt hätten oder man wird man Ihnen schlicht und einfach nicht glaubt. Das mag hart klingen, ist in der Realität aber immer wieder zu beobachten.

Der Grund hierfür liegt darin, dass viele Betroffene ihre krankheitsbedingten Einschränkungen zu einem Zeitpunkt zur Sprache bringen, in der sie durch hohe Arbeitsbelastung, Vertretungseinsätze oder gerade bestehende Unstimmigkeiten mit Kollegen oder Führungskräften stark unter Druck geraten. Sprechen Sie Ihre Probleme nun erst in einer solchen Situation an, wird man glauben, Sie wollen sich durch vorgeschobene Ausreden vor der Arbeit oder der Bewältigung von Konflikten drücken. Es ist daher sehr wichtig, dass Sie sich so früh wie möglich als RDS-ler zu erkennen geben.

Treten Sie also zum Beispiel nach einer längeren Krankheitszeit (etwa im Rahmen der notwendigen Diagnostik) Ihren Dienst wieder an, könnten Sie – ähnlich wie im Fall der Verwandtengespräche – auf die Frage nach Ihrer Befindlichkeit Auskunft über Ihren Gesundheitszustand geben. Das klingt authentisch und passiert genau im richtigen Moment.

Kommen Sie neu in ein Team oder haben Sie die Arbeitsstelle gewechselt, gibt es meist eine kurze Vorstellungsrunde. Erzählen Sie hier nicht nur etwas über Ihre berufliche Entwicklung und über Ihren Familienstand, sondern bringen Sie bei dieser Gelegenheit auch Ihren Reizdarm ins Spiel! Sie könnten Ihre kurze Rede beispielsweise mit dem Satz beenden:

„Weil mir Offenheit und Transparenz sehr wichtig sind, möchte ich an dieser Stelle auch noch zwei Sätze zu einem gesundheitlichen Problem verlieren, welches mich (seit Jahren) plagt. Ich leide an einem lästigen Reizdarmsyndrom! Deshalb kann ich nicht alles essen und bin auch in der Mobilität ein wenig eingeschränkt. Es wäre toll, wenn Sie (oder ggf. „ihr") dafür Verständnis hättet. Vielen Dank!"

Nach einem solchen Statement wird man Sie und Ihre Ehrlichkeit wahrscheinlich bewundern. Sie haben somit zwei Fliegen mit einer Klappe geschlagen: Über Ihr RDS gesprochen und sich als mutiger Mensch bewiesen. Wenn das nichts ist!

Unter Freunden:

Wenn Sie neue Freunde kennenlernen oder in einen Kreis von Gleichgesinnten kommen (etwa in einem Verein oder einer Gemeinde), sollten Sie ebenfalls nicht zu lange damit warten, sich als RDS-ler zu erkennen zu geben. Auch hier gilt im Prinzip dasselbe, was ich hinsichtlich Ihres Auftretens am Arbeitsplatz gesagt habe: Offenheit und Freimut öffnen Ihnen Ohren und Herzen. Nur so werden Sie umfassend akzeptiert – und zwar mit Ihren gesundheitlichen Einschränkungen.

Und wer weiß, vielleicht bietet Ihnen einer Ihrer neuen Freunde ja ganz unverhoffte Unterstützung an, mit der Sie nie gerechnet hätten. Daher nochmals mein Appell: Seien Sie offensiv im Umgang mit Ihrer Krankheit!

Auf Partnersuche:

Besonders heikel ist das Thema Reizdarm für all jene, die sich auf der Suche nach dem Mann oder der Frau fürs Leben befinden. Hier spielt nämlich – noch weit mehr als am Arbeitsplatz – die Tatsache eine große Rolle, dass man gesund, frisch, fit und dynamisch wirken will. Da kommt ein körperliches Handicap natürlich sehr ungelegen.

Oberflächlich betrachtet sind diese Gedanken und Gefühle nachvollziehbar. Doch letztlich bleibt es – hier mehr als in allen anderen Bereichen – ein Fakt, dass nur mit Ehrlichkeit und Transparenz ein (dauerhaft gelingendes!) Miteinander möglich ist.

Es gibt leider nicht wenige Menschen, die in erster Linie auf Äußerlichkeiten achten und deren Weitblick stark getrübt ist. Diese Zeitgenossen werden möglicherweise kein Interesse daran haben, sich auf die nötigen Einschränkungen eines Lebens mit Ihnen einzulassen. Aber mal Hand aufs Herz: Möchten Sie solch einen engstirnig denkenden Menschen heiraten? Wohl kaum.

Der offensive Umgang mit Ihrer Reizdarm-Erkrankung kann daher ein sehr guter Indikator dafür sein, ob der jeweilige Partner Sie so akzeptiert und liebt, wie Sie sind. Oder ob er in erster Linie nur an sich selbst und der Erfüllung seiner eigenen Bedürfnisse interessiert ist. Wenn Sie von Anfang an für Klarheit sorgen und aus Ihrem Reizdarm kein Geheimnis machen, werden Sie schnell herausfinden, ob Sie mit Ihrer Partnerwahl richtig liegen.

Führen Sie den Menschen deutlich vor Augen, was Sie plagt und was Sie bewegt

Es ist überaus wichtig, seinen Mitmenschen klarzumachen, was einen plagt und bewegt. Wie anders soll sonst Verständnis aufkommen für all die großen und kleinen Absonderlichkeiten, die uns RDS-Betroffenen innewohnen? Da ist zum Beispiel die Tatsache, dass wir – insbesondere, wenn wir zum Durchfalltyp zählen – eine Einladung zu längeren Wanderungen durch die Berge in aller Regel ablehnen werden. Manche Essgewohnheiten (wie z. B. der Verzicht auf blähende Speisen oder faserreiche Kost oder auch auf Gemüse) lässt uns entweder als „Gesundheitsgegner" oder wählerischen Mäkler erscheinen. Und „das Gerücht", Sie würden in den Urlaub immer mit der Bahn reisen, obwohl Sie doch ein recht neues Auto in der Garage stehen hätten, sorgt ganz sicher für hochgezogene Augenbrauen aufseiten Ihrer Kollegen. Kurzum: Wir RDS-ler sind schon rechte Sonderlinge, oder? Doch woher soll unser Umfeld wissen, warum wir sind, wie wir sind? Es ist daher von größter Wichtigkeit, nicht nur allgemein über die Krankheit Reizdarm zu sprechen, sondern einmal ganz präzise all die Einschränkungen zu benennen, denen wir unterliegen. Weisen Sie also unbedingt – sofern es denn auf Sie zutrifft –, darauf hin, dass:

- es möglich sein muss, immer innerhalb kürzester Zeit eine Toilette zu erreichen.

- Sie deshalb keine längeren Strecken mit dem Auto fahren können (Staugefahr!)

- Sie oft länger auf dem WC zubringen, als andere Menschen.

- Sie bei der Wahl von Nahrungsmitteln genau aufpassen müssen.

- Sie aufgrund des Reizdarmsyndroms manchmal Stimmungsschwankungen unterliegen.

Wenn Ihre Kollegen, Freunde und Verwandten die vielfältigen Einschränkungen erkennen, denen Sie als RDS-ler unterworfen sind, werden sie Ihnen zukünftig vermutlich anders, nämlich verständnisvoller entgegentreten. Sie können nicht erwarten, dass Ihr Umfeld Ihre Probleme in aller Dramatik von selbst erkennt. Stattdessen heißt es: offensiv sein und das Thema klar zur Sprache bringen.

Ein Reizdarm-Syndrom ist (wie eigentlich jede Krankheit) nichts, für das Sie sich schämen müssten!

Wie Ihnen das Betriebliche Eingliederungsmanagement (BEM) helfen kann

Sollten Sie wegen Ihres Reizdarms (oder einer anderen Erkrankung) innerhalb eines Jahres mehr als sechs Wochen ununterbrochen oder auch wiederholt arbeitsunfähig gewesen sein, ist Ihr Arbeitgeber dazu verpflichtet, Ihnen ein sogenanntes BEM anzubieten.

Hinter diesen drei Buchstaben verbirgt sich das bereits im Jahr 2004 vom Gesetzgeber verpflichtend eingeführte Instrument des Betriebliches Eingliederungsmanagements. Es soll dazu dienen, längere Zeit erkrankten Beschäftigten den Wiedereinstieg in den Arbeitsalltag zu vereinfachen und zukünftig Fehlzeiten zu minimieren. Auf diese Weise soll die Produktivität des Mitarbeiters erhalten und der Arbeitsplatz gesichert werden.

Festgelegt ist das Verfahren zum Betrieblichen Eingliederungsmanagement (BEM) im Neunten Buch des Sozialgesetzbuches (SGB IX). Dort heißt es im § 167 Absatz 2 unter der Überschrift „Rehabilitation und Teilhabe von Menschen mit Behinderungen / Prävention" wie folgt:

„Sind Beschäftigte innerhalb eines Jahres länger als sechs Wochen ununterbrochen oder wiederholt arbeitsunfähig, klärt der Arbeitgeber mit der zuständigen Interessenvertretung im Sinne des § 176, bei schwerbehinderten Menschen außerdem mit der Schwerbehindertenvertretung, mit Zustimmung und Beteiligung der betroffenen Person die Möglichkeiten, wie die Arbeitsunfähigkeit möglichst überwunden werden und mit welchen Leistungen oder Hilfen erneuter Arbeitsunfähigkeit vorgebeugt und der Arbeitsplatz erhalten werden kann (betriebliches Eingliederungsmanagement).

Soweit erforderlich, wird der Werks- oder Betriebsarzt hinzugezogen.

Die betroffene Person oder ihr gesetzlicher Vertreter ist zuvor auf die Ziele des betrieblichen Eingliederungsmanagements sowie auf Art und Umfang der hierfür erhobenen und verwendeten Daten hinzuweisen.

Kommen Leistungen zur Teilhabe oder begleitende Hilfen im Arbeitsleben in Betracht, werden vom Arbeitgeber die Rehabilitationsträger oder bei schwerbehinderten Beschäftigten das Integrationsamt hinzugezogen. Diese wirken darauf hin, dass die erforderlichen Leistungen oder Hilfen unverzüglich beantragt und innerhalb der Frist des § 14 Absatz 2 Satz 2 erbracht werden. Die zuständige Interessenvertretung im Sinne des § 176, bei schwerbehinderten Menschen außerdem die Schwerbehindertenvertretung, können die Klärung verlangen. Sie wachen darüber, dass der Arbeitgeber die ihm nach dieser Vorschrift obliegenden Verpflichtungen erfüllt."

Ihr Arbeitgeber ist also per Gesetz dazu verpflichtet zu klären, wie eine bestehende oder möglicherweise künftige Arbeitsunfähigkeit überwunden werden kann und was für Leistungen oder Hilfsangebote dazu erforderlich sind.

Da der vorzitierte Paragraf keine Informationen zur Ausgestaltung des BEM-Verfahrens enthält, regelt jedes Unternehmen und auch jeder öffentliche Arbeitgeber den Ablauf des Betrieblichen Eingliederungsmanagements individuell. Auf jeden Fall müssen – Ihre Zustimmung als Arbeitnehmer vorausgesetzt – die Personalvertretungen (Betriebs- bzw. Personalrat), ggf. vorhandene Schwerbehindertenvertreter und auch der Werks- bzw. Betriebsarzt in das Verfahren eingebunden werden.

Leider lehnen viele Beschäftige aus den verschiedensten Gründen die vom Arbeitgeber angebotenen BEM-Verfahren ab. Hier kann RDS-Patienten nur dringend geraten werden, die Möglichkeiten des Betrieblichen Eingliederungsmanagements unbedingt zu nutzen!

Überlegen Sie einmal: Im Rahmen des BEM haben Sie die große Chance, Ihren Chef – und ggf. über den Betriebsrat auch die Kollegen – für Ihre gesundheitlichen Probleme zu sensibilisieren.

Insbesondere wenn Sie den Betriebsarzt hinzuziehen, können Sie mit Mythen und Vorurteilen in Sachen Reizdarm („*Alles nur psychisch!*" oder „*Er/Sie soll mal weniger stressig leben!*") aufräumen. Stattdessen können Sie erklären, wie eingeschränkt Ihr Alltag sich gestaltet und beispielsweise auch, warum Sie manchmal wegen eines dringend notwendigen WC-Besuches eine halbe Stunde nicht an Ihrem Schreibtisch sitzen.

Lassen Sie sich also ein BEM-Gespräch auf keinen Fall entgehen, sondern begreifen Sie dieses Angebot als das, was es ist: eine echte Hilfe für Ihre berufliche Zukunft!

Kapitel 6

Veränderungen wagen:
Kurze Wege bringen Entlastung

Kapitel 6 | Veränderungen wagen: Kurze Wege bringen Entlastung

Wie wir im vorigen Kapitel gesehen haben, kann ein Gespräch mit dem Arbeitgeber sehr hilfreich sein. Möglicherweise finden Sie im Rahmen des BEM gemeinsame Lösungswege, die Ihnen helfen, Ihren beruflichen Alltag künftig einfacher zu gestalten. So gibt es – sicher nicht in jeder Firma, aber doch öfter als gedacht – eine Reihe von Möglichkeiten, die Ihnen als RDS-ler zugutekommen. Und selbst wenn Ihr Chef an dieser Stelle nicht weiterhelfen kann, haben Sie auch in Ihrem privaten Lebensumfeld ein paar wirkungsvolle Optionen.

Ein neuer Tätigkeitsbereich innerhalb der Firma

Insbesondere größere Unternehmen haben viele verschiedene Abteilungen, zwischen denen ein Wechsel möglich ist. Sind Sie bislang beispielsweise im direkten Kundenkontakt eingesetzt, kann eine Verlagerung Ihres Tätigkeitsfeldes in den sogenannten Back-Office-Bereich eine gewaltige Entlastung sein. Sie sind so nicht mehr gezwungen, jederzeit eine gute Miene zu machen und können bei Bedarf schnell zur Toilette gehen.

Es ist erstaunlich: Nicht wenige reizdarmgeplagte Arbeitnehmer haben durchaus gute Chancen, den Wechsel in eine besser zu ihrer Situation passende Abteilung der Firma bewilligt zu bekommen. Doch offenbar scheuen sich viel zu viele, an der richtigen Stelle aktiv danach zu fragen (s. hierzu auch die Ausführungen im vorherigen Kapitel). Gerade im Rahmen des Betrieblichen Eingliederungsmanagements werden viele Chefs entsprechend reagieren.

Probieren Sie es einfach aus und fragen Sie! Es könnte Ihnen eine große Entlastung bringen.

Wenn ein Beruf nicht mehr ausgeübt werden kann

Es gibt eine Reihe von Berufen und Tätigkeiten, die von einem RDS-ler (vor allem, wenn er dominierend an Durchfällen leidet) nicht (mehr) ausgeübt werden können. So wird es praktisch unmöglich sein, zum Beispiel als Busfahrer, Polizistin im Streifendienst oder auch als Theaterschauspieler oder Lehrerin zu arbeiten.

Im Prinzip sind alle Berufe undurchführbar, bei denen eine permanente, längerfristige und nicht unterbrechbare Anwesenheit unumgänglich ist.

Für betroffene Reizdarm-Patienten ist es oft sehr schwer, sich dies einzugestehen und der Tatsache ins Auge zu blicken, einen – vielleicht sogar sehr gern – ausgeübten Beruf wegen ihrer Krankheit an den Nagel hängen zu müssen. Es wird aber wohl niemals eine Lösung sein, trotz bestehender massiver Probleme an der momentanen Tätigkeit festzuhalten. Die ständige Angst vor ungünstigen Situationen und vor dem Versagen könnte sonst zu negativen Weiterungen führen, die Ihnen Ihr ohnehin nicht einfaches Alltagsleben noch mehr erschweren. Es ist daher ratsam, sich den Gegebenheiten zu stellen und nach einer praktikablen Lösung zu suchen.

Gleiches gilt im Übrigen natürlich auch für RDS-Geplagte, die eher mit Schmerzen und Bauchkrämpfen zu tun haben. Selbst die Ausübung eines gewöhnlichen Bürojobs – z. B. als Personalsachbearbeiterin – kann hier aufgrund des langen Sitzens und der dabei möglicherweise aufkommenden Blähungen und Darmgeräusche mit großen Problemen verbunden sein.

Als erster Ansprechpartner bei der Änderung derartiger Situationen gilt zumeist der Arzt. Er sollte gemeinsam mit Ihnen die aktuelle Situation beleuchten und dann aus medizinischer Perspektive eine Einschätzung abgeben, wie es um Ihre berufliche Zukunft bestellt ist. Können Sie tatsächlich nicht mehr in Ihrem ausgeübten Beruf tätig sein, sollte Ihnen Ihr Arzt dies entsprechend attestieren. Inwieweit Sie mit einem solchen Attest und eventuellen fachärztlichen Zusatzbefunden die Möglichkeit auf Beantragung von Erwerbsunfähigkeits-Rente haben oder Leistungen aus einer privaten Berufsunfähigkeitsversicherung in Anspruch nehmen können, muss im Einzelfall genau geprüft werden.

Fakt aber ist: Sich selbst einzugestehen, dass eine bestimmte berufliche Tätigkeit nicht mehr ausgeübt werden kann und aus dieser Erkenntnis die Konsequenzen zu ziehen, ist ein wichtiger Schritt! Es ist nicht sinnvoll, seine (auch psychische!) Gesundheit zugunsten der beruflichen Karriere zu gefährden!

Der französische Philosoph und Schriftsteller Voltaire soll einmal gesagt haben:

„In der ersten Hälfte unseres Lebens opfern wir unsere Gesundheit, um Geld zu erwerben, in der zweiten Hälfte opfern wir unser Geld, um die Gesundheit wiederzuerlangen. Und während dieser Zeit gehen Gesundheit und Leben von dannen."

Ich bin mir durchaus bewusst, dass es vielfach nicht eine bloße Frage der Karriere ist, sondern dass es oft um die schlichte Existenzsicherung für sich und seine Familie geht. Aber ob Angestellter oder Selbständiger, ob alleinstehend oder mit einer ganzen Kinderschar: ein massives Reizdarmsyndrom ist weder wegzudiskutieren noch durch hohe Selbstaufopferung zu meistern. Betroffene müssen sich stattdessen – so schwer es auch immer fällt – der Situation stellen und versuchen, trotzdem positiv in die Zukunft zu blicken.

Ein paar wichtige Überlegungen hierzu finden Sie auch ganz am Ende dieses Buches.

Können Sie vielleicht umziehen?

Gott sei Dank ist nicht in jedem Reizdarm-Fall gleich ein vollständiger Rückzug aus dem beruflichen Leben erforderlich. Oftmals können bereits die Möglichkeiten eines Wechsels innerhalb der Firma in eine andere Abteilung oder ein neues Aufgabengebiet ohne permanente Präsenzverpflichtung helfen.

Denkbar und insbesondere bei aktuell längeren Arbeitswegen ist hier auch ein Umzug, der Sie künftig näher an Ihrer Firma wohnen lässt. Bei

Unternehmen mit mehreren Standorten kann im Rahmen des internen Wechsels auf einen geeigneten Arbeitsplatz möglicherweise auch eine Verlegung des Wohnsitzes sinnvoll sein.

Sprechen Sie dies (ggf. im Rahmen der Unterredung zum Betrieblichen Eingliederungsmanagement – vgl. Kapitel 5) einfach mal an. Nicht selten eröffnen Sie Ihrem Chef durch eine Bereitschaft zum Umzug mehr Möglichkeiten, Sie in der Firma zu halten und Ihnen einen geeigneten neuen Wirkungskreis zuzuweisen.

Keine Angst vorm Urlaubs-Stau:
Zum Auto gibt es Alternativen!

Kapitel 7 | Keine Angst vorm Urlaubs-Stau: Zum Auto gibt es Alternativen!

Zu den wohl gefürchtetsten Unternehmungen gehören für Reizdarm-Patienten in aller Regel längere Autofahrten. Vor allem die Reise in den Urlaub mit Staugefahr auf der Autobahn gehört für viele Betroffene zu den Horrorszenarien schlechthin. Insbesondere RDS-ler vom Durchfalltyp geraten hier regelmäßig schon vor der Abreise in Panik und können manchmal nächtelang nicht schlafen. Im Kopf dreht sich das Gedankenkarussell: *„Was passiert, wenn ich im Stau stehe und zur Toilette muss?"* *„Was ist, wenn wir eine Panne haben?"* Diese und ähnliche Fragen sind durchaus nachvollziehbar und zeigen sehr gut, welchen Problemen Reizdarm-Patienten im Alltag ausgesetzt sind. Wie wertvoll ist es dann, wenn Alternativen gefunden werden können! Alternativen, die eine Reise in die Ferien – zumindest in Teilen – wieder zu dem werden lassen, was sie eigentlich sein soll: Eine positive Unternehmung, die Freude macht!

Auf vielen Strecken möglich: Mit der Eisenbahn zum Ziel

Nicht überall liegen Bahngleise. Aber längst gibt es eine große Zahl von Urlaubs- und Ferienzielen, die sich problemlos mit dem Zug erreichen lassen. *„Mit dem Zug?"*, höre ich einige von Ihnen jetzt förmlich fragen und antworte Ihnen darauf mit einem ganz klaren Ja! Denn wohl kaum ein anderes Fortbewegungsmittel hat für Reizdarm-Patienten so viele Vorteile wie die Bahn. Denken Sie nur an die Möglichkeit, jederzeit eine Toilette benutzen zu können! Auch müssen Sie sich – anders als in Ihrer Rolle als Pkw-Chauffeur – nicht permanent konzentrieren, sondern dürfen ruhig auch einmal die Augen schließen. Insofern ist die Reise in den Urlaub mit der Bahn viel charmanter, als man es auf den ersten Blick meinen möchte. Damit Ihre Fahrt aber wirklich rundum gelingt, sollten Sie auch hier ein paar wichtige Tipps beachten:

1. Schicken Sie Ihre Koffer an den Urlaubsort voraus!

Um sich bei der Fahrt mit der Bahn so frei wie möglich bewegen zu können, sollten Sie unbedingt mit leichtem Gepäck reisen. Daher gilt: Schicken Sie Ihre Koffer doch einfach an den Urlaubsort voraus! Mit dem Gepäckservice der Deutschen Bahn ist dies mühelos und sehr bequem möglich. Ihre Koffer und Taschen werden auf Wunsch bei Ihnen zu Hause abgeholt und direkt ins Hotel am Zielort gebracht. Derzeit bietet die Deutsche Bahn einen solchen Service für Reisen nach bzw. von Deutschland, Österreich, Italien und die Schweiz an.

2. Nutzen Sie günstige Tickets, aber verzichten Sie auf eine Zugbindung!

Zwar ist es verlockend, die Sparpreis-Angebote der Bahn in Anspruch zu nehmen und günstig zu reisen. Als RDS-ler wissen Sie jedoch, dass es mitunter sehr stressig sein kann, zu einer ganz bestimmten Zeit an einem ganz bestimmten Ort sein zu müssen. Da normale Sparpreis-Tickets bei der DB grundsätzlich der Zugbindung unterliegen und Sie somit gezwungen sind, den gebuchten Zug (und keinen anderen!) zu nutzen, sollten Sie versuchen, kostengünstige Alternativen zu finden. Eine gute Möglichkeit bei Reisen nach Rügen, Usedom oder auch nach Rostock ab Berlin ist zum Beispiel das „Ostseeticket". Für attraktive Konditionen reisen Sie hier ohne Zugbindung auch im IC oder ICE. Möglich ist deutschlandweit beispielsweise auch die Nutzung der Angebote „Schönes-Wochenende-Ticket" oder „Quer-durchs-Land-Ticket". Mit diesen Fahrkarten können Sie zwar nur mit Nahverkehrszügen reisen, dies aber recht günstig und vor allem ebenfalls ohne Zugbindung. Weitere Möglichkeiten zum preiswerten Ticketerwerb – insbesondere für den Fernverkehr – haben Sie durch die Teilnahme an speziellen, immer wieder mal stattfindenden Werbeaktionen der Deutschen Bahn. Manchmal gibt es günstige Gutscheine beim Discounter an der Kasse, manchmal erhalten Sie durch den Kauf bestimmter Produkte (wie beispielsweise Pralinen oder Schokoriegel) einen Rabattcoupon.

3. Reservieren Sie Plätze in bestimmten Waggons bzw. Zugbereichen

Was die meisten Bahnreisenden nicht wissen: In vielen Zügen des Fernverkehrs (ICE, IC oder EC) gibt es besondere Behinderten-WCs. Für Reizdarm-Patienten kann es eine gute Hilfe sein, diese geräumigen Toiletten zu nutzen. Wenn Sie bei der Reservierung darauf achten, Ihre Sitzplätze in der Nähe der Behinderten-WCs zu buchen, erhöht dies Ihren Reisekomfort. Welche Züge derartige Toiletten besitzen und in welchen Wagen-

Nummern sie sich befinden, können Sie anhand der Wagenreihungspläne auf der Online-Seite der Deutschen Bahn oder in der App „DB Navigator" ermitteln. Hier finden Sie gegenwärtig die Wagenreihung allerdings nur für den aktuellen Tag und nur für ICE-Züge innerhalb Deutschlands.

Möchten Sie die Wagenreihung schon im Voraus und für alle Züge der Deutschen Bahn erfahren, empfiehlt sich ein Besuch auf der privaten Webseite www.fernbahn.de. Mit viel Akribie und Liebe hat der Betreiber Marcus Grahnert hier die Wagenreihungen zusammengestellt.

4. Verschaffen Sie sich beim Hotel eine kostenlose Stornierungsmöglichkeit!

Der letzte Tipp betrifft eigentlich nicht nur Bahnreisen: Verschaffen Sie sich beim Hotel eine kostenlose Stornierungsmöglichkeit! Dies ist inzwischen bei vielen Online-Buchungsportalen oder auch bei bestimmten Hotels, Pensionen und Ferienanlagen längst möglich und versetzt Sie in die günstige Lage, im Fall der Fälle (z. B. wenn Sie an einer akuten Phase mit starken Schmerzen oder sonstigen Einschränkungen leiden) ohne finanzielles Risiko von Ihrer Reise zurücktreten zu können. Meist müssen Sie für Buchungen mit einer „kostenlosen Stornierung am Anreisetag bis 18 Uhr" nur geringfügig mehr bezahlen, als wenn Sie sich für ein Angebot mit längeren Stornierungsfristen entscheiden. Wohl bemerkt: Bezahlen müssen Sie natürlich immer nur dann, wenn Sie auch tatsächlich anreisen! Im Falle einer Stornierung entstehen Ihnen bei solchen Angeboten grundsätzlich keine Kosten.

Übrigens: Diesen Tipp können Sie auch Ihren Nicht-RDS-Freunden und Bekannten weitersagen. Insbesondere Familien mit mehreren Kindern (von denen nicht selten eines gerade dann krank wird, wenn die Reise starten soll), werden Ihnen für einen solchen Hinweis dankbar sein.

Wie wär's mit einem Wohnmobil?

Eine andere lohnende Möglichkeit für RDS-ler ist die Fahrt mit einem Wohnmobil. Vor allem dann, wenn Sie nicht selbst am Steuer sitzen müssen, bietet diese Variante hervorragende Chancen auf entspannte Urlaubsreisen. Sollten Sie – wie wohl die meisten – nicht über ein eigenes Wohnmobil verfügen, empfiehlt sich die frühzeitige Buchung bei einem Vermieter. Im Internet finden Sie zumeist schnell entsprechende Angebote. Auch der ADAC betreibt eine eigene Wohnmobil-

Vermietung und hält an den entsprechenden Stationen Fahrzeuge unterschiedlichster Größen bereit.

Darf es etwas Meer sein? Die Kreuzfahrt als Highlight für RDS-Patienten

Jetzt wird es heikel: Darf ich Ihnen eine Form der Urlaubsgestaltung vorschlagen, die eher zu den kostspieligeren Varianten gehört? Die Rede ist von einer Kreuzfahrt. Das außerordentlich Praktische für Reizdarm-Geplagte ist bei einer Kreuzfahrt nämlich die Tatsache, dass Sie in Ihrer Kabine nicht nur jederzeit eine Rückzugsmöglichkeit (z. B. bei aufkommenden Schmerzattacken) haben, sondern auch, dass sich immer eine Toilette in unmittelbarer Nähe befindet!

Ist das nicht großartig: Sie sind unterwegs zu verschiedenen Städten und Ländern, können Seeluft schnuppern, sich in die Sonne legen und haben das „eigene Reich" immer dabei!

Und die Kosten einer Kreuzfahrt? Die müssen gar nicht übertrieben hoch sein. Es muss ja auch nicht gleich die Karibik sein, oder? Auch eine schöne Schiffsreise zu den wundervollen Städten an der Ostsee hat ihren Zauber. Stockholm, Helsinki, Tallinn, St. Petersburg und Danzig – es gibt eine Reihe von tollen Angeboten, die durchaus bezahlbar daherkommen. Außerdem kann es ein großer Ansporn sein, eine Zeit lang auf diesen besonderen Höhepunkt zu sparen.

Von Münzen und Schlüsseln:
Kleine Helfer für unterwegs

Kapitel 8 | Von Münzen und Schlüsseln: Kleine Helfer für unterwegs

Für viele Reizdarm-Geplagte ist die Möglichkeit einer schnellen Toilettenbenutzung sehr wichtig. Egal ob auf dem Weg zur Arbeit, beim Stadtbummel oder während einer Urlaubsreise – der ungehinderte Zugang zu öffentlichen WCs spielt für uns eine große Rolle.

Damit es hier aber nicht zu unerwarteten Problemen und Hindernissen kommt, gibt es ein paar wichtige Hinweise zu beachten, die zum Teil zwar auf der Hand liegen, vielen Betroffenen dennoch weitestgehend unbekannt sein dürften.

50-Cent-Stücke in der Geldbörse sind unverzichtbar!

Schon seit vielen Jahren achte ich sehr sorgfältig darauf, dass in meiner Geldbörse immer mindestens zwei 50-Cent-Münzen vorhanden sind. Habe ich einen „Fuffziger" mal aus Versehen ausgegeben, beschaffe ich mir schnellstmöglich Ersatz.

Der Hintergrund dieser Maßnahme ist schnell erklärt: Die meisten öffentlichen Toiletten in meiner Heimatstadt sind kostenpflichtig. Ein Besuch des WCs kostet hier 50 Cent. Ähnlich verhält es sich auch in den meisten anderen Städten Deutschlands, weswegen es von Nutzen ist, stets das nötige Kleingeld griffbereit zu haben.

Bin ich mal in einem anderen Land außerhalb des Euro-Raumes unterwegs, beschaffe ich mir nach der Ankunft auch dort schnell ein paar „Toilettengroschen". Aber Achtung: Manchmal nützen auch die besten Münzen nichts. So gibt es beispielsweise in Schweden bereits eine größere Zahl öffentlicher WCs, die sich nicht mehr mit Bargeld, sondern nur noch mit Kreditkarte oder einer entsprechenden App auf dem Smartphone benutzen lassen.

Es empfiehlt sich daher, vor Reiseantritt ein paar Erkundigungen einzuholen, wie die Sache mit dem „Stillen Örtchen" im Zielland geregelt ist.

„Die nette Toilette" zeigt, dass es auch gratis geht

Eine sehr lobenswerte Initiative zur kostenfreien Nutzung öffentlicher WCs ist die Aktion „Die nette Toilette". Bislang beteiligen sich an diesem Projekt bereits Händler und Gastronomen aus rund 250 Städten und Gemeinden der Bundesrepublik. Sie alle stellen ein oder mehrere WCs entgeltlos zur Verfügung. Insbesondere in den westlichen Bundesländern hat das Projekt bereits merklichen Zuspruch gefunden.

Als Ausgleich für die kostenfreie Zugänglichmachung der Toiletten erhalten die Anbieter von der örtlichen Stadt- oder Gemeindeverwaltung eine Aufwandsentschädigung für Pflege, Wartung und Reinigung. Unterm Strich erweist sich die Aktion dabei als glatte Win-win-Situation, denn während der Händler oder Gastronom durch seine Teilnahme auf gute Weise für sein Unternehmen wirbt, spart die Kommune Geld für das Betreiben eigener öffentlicher Toiletten.

Wir Reizdarm-Betroffenen erhalten dank dieses Projektes also die Möglichkeit, schnell ein WC zu finden ohne Münzen bereithalten zu müssen. Ob es in Ihrer Nähe „nette Toiletten" gibt, finden Sie bei einem Besuch auf der Aktionsseite unter www.die-nette-toilette.de ganz leicht heraus. Am Ort selbst verkündet ein Aufkleber, dass hier eine „nette Toilette" auf Sie wartet. Und für unterwegs wird sogar eine entsprechende Smartphone-App angeboten.

Der Schlüssel zum WC

Ein unter den meisten RDS-lern unbekanntes, gleichwohl aber überaus praktisches Hilfsmittel ist der sogenannte Euroschlüssel. Er wird bereits seit über 30 Jahren vom CBF Darmstadt – Club Behinderter und ihrer Freunde in Darmstadt und Umgebung e. V. herausgegeben und hat in der Vergangenheit hunderten von Menschen mit Darmerkrankungen wertvolle Dienste geleistet. Mit diesem speziellen Schlüssel können Sie in ganz Europa unzählige Behindertentoiletten schnell, einfach und vor allem kostenfrei nutzen.

Damit ein Missbrauch ausgeschlossen wird, hat der CBF Darmstadt verbindliche Richtlinien für die Ausgabe des Schlüssels festgelegt. Hiernach sind u. a. folgende Personengruppen grundsätzlich zum Bezug berechtigt:

- Inhaber des deutschen Schwerbehindertenausweises mit den Merkzeichen aG, B, H, oder BL sowie dem Merkzeichen G sowie ab 70 Prozent Behinderung aufwärts.

- Rollstuhlfahrer;

- Stomaträger;

- Morbus-Crohn- sowie Colitis-ulcerosa-Erkrankte.

Neben den genannten Patienten erhalten den Schlüssel grundsätzlich auch Menschen mit chronischer Blasen- und/oder Darmerkrankung, wozu wir RDS-ler in vielen Fällen ja zählen. Wichtig ist immer ein ärztlicher Nachweis, aus dem die Erkrankung klar hervorgeht. Sprechen Sie hierzu am besten mit Ihrem behandelnden Mediziner und bitten Sie ihn darum, Ihnen ein entsprechendes Attest auszustellen.

Für den einmaligen Betrag von 20,- EUR lässt sich der Schlüssel unter folgender Adresse schnell und unkompliziert bestellen:

CBF-Darmstadt e. V.
Pallaswiesenstraße 123 A
64293 Darmstadt

Fügen Sie den entsprechenden Nachweis zur Bezugsberechtigung bei und wenige Tage später sollte der Schlüssel in Ihrem Briefkasten liegen. Er ermöglicht Ihnen hinfort den selbständigen und kostenlosen Zugang zu behindertengerechten sanitären Anlagen und Einrichtungen in Deutschland und vielen europäischen Staaten. Auch an Autobahnraststätten und Bahnhofstoiletten sowie in den öffentlichen WCs von Fußgängerzonen und Museen kann Ihnen der Euroschlüssel gute Dienste leisten.

Weitere unverzichtbare Utensilien für unterwegs

Wenn Sie als Reizdarm-Patient unterwegs sind, empfiehlt sich in jedem Fall die Mitnahme von drei weiteren wichtigen Utensilien:

- eine gewisse Menge Toilettenpapier,
- ein kleines Päckchen Feuchttücher
- und vorsichtshalber auch die im Handel erhältlichen WC-Hygiene-Sitzauflagen aus Papier.

Mit diesen kleinen Helfern lassen sich unangenehme Situationen vermeiden, die sich durch verschmutze Toilettenbrillen oder fehlendes WC-Papier ergeben können.

Damit Sie nicht immer eine ganze Rolle Toilettenpapier mitschleppen müssen, wickeln Sie einfach ein paar Meter von der heimischen Rolle ab und legen Sie es zu einer neuen, kleinen Rolle zusammen. Wenn Sie es dann noch in eine kleine Plastiktüte stecken, wird es auch einen längeren Aufenthalt in Ihrer Handtasche oder im Rucksack unbeschadet überstehen.

Kapitel 9

Gute Planung ist alles:
Auch Autotouren sind oft möglich

Kapitel 9 | Gute Planung ist alles: Auch Autotouren sind oft möglich

Die im Kapitel 7 *„Keine Angst vorm Urlaubs-Stau: Zum Auto gibt es Alternativen!"* genannten Tipps und Möglichkeiten zur Durchführung von Urlaubs- und sonstigen Reisen bieten viel Spielraum. Gleichwohl gibt es immer wieder Gründe, warum eine Tour doch lieber mit dem Pkw durchgeführt werden sollte. Hierbei sind abgelegene Reiseziele genauso zu nennen wie die Tatsache, dass man mit dem eigenen Auto am Urlaubsort flexibler bleibt.

Damit längere – aber natürlich auch kürzere – Pkw-Touren für RDS-ler nicht zum undurchführbaren Hindernis werden, kommen nachfolgend ein paar nützliche Tipps zur richtigen Planung und Durchführung.

Wegstrecken vor der Reise genau ansehen!

Bevor Sie zu einer längeren Fahrt mit dem Auto starten, sollten Sie die vor Ihnen liegende Wegstrecke einer genauen Analyse unterziehen.

Am wichtigsten ist hier für viele RDS-ler wohl die Frage, wo es unterwegs Toiletten gibt. Gehen Sie die geplante Route daher auf der Karte aufmerksam durch und notieren Sie sich, welche geeigneten „Nothalteplätze" es gibt. Oft müssen Sie nicht mehr als 10 bis 15 Kilometer zwischen zwei entsprechenden Punkten zurücklegen. Neben größeren Einkaufszentren und Baumärkten finden Sie öffentliche Toiletten vor allem an folgenden Stellen:

- Tankstellen
- Friedhöfe
- Hotels
- Restaurants
- Rathäuser
- Gerichtsgebäude
- größere Kirchen oder Gemeindehäuser
- Museen

Übrigens: Es wäre wirklich wünschenswert, wenn auch kleinere Supermärkte und Discounter endlich vom Gesetzgeber dazu angehalten würden, Kundentoiletten vorzuhalten. Zwar wurde beispielsweise im Sommer 2016 vom Berliner Abgeordnetenhaus beschlossen, dass Läden mit mehr als 400 m² Fläche künftig Toiletten für ihre Kunden bereitstellen müssen, in anderen Städten und Regionen ist dies jedoch oft noch nicht gesetzlich vorgeschrieben.

Vielleicht haben Sie ja Lust und Zeit, dieses wichtige Anliegen an den persönlichen Abgeordneten Ihres Wahlkreises heranzutragen? Viele kleine Menschen an vielen Orten können ja bekanntlich viel bewegen. Manchmal.

Die eigene Toilette im Auto

Sollten Sie in der glücklichen Lage sein, einen Van oder Kleinbus (z. B. VW Multivan, Opel Vivaro, Renault Trafic Combi o. ä.) zu besitzen, könnten Sie über den „Einbau" einer Campingtoilette nachdenken. Dies mag im ersten Moment vielleicht etwas ungewöhnlich klingen, ist oft aber ohne große Mühe und zu einem akzeptablen Preis möglich. Geeignete Campingtoiletten erhalten Sie im Baumarkt oder im Online-Handel schon ab rund 70 Euro. Sie sind mobil und leicht zu reinigen. Bringen Sie eine solche Toilette nun in der hintersten Reihe (beispielsweise nach dem Entfernen eines Sitzes) in Position, haben Sie Ihr WC immer dabei. Und das beruhigt ja oft ungemein!

Essen und Trinken auf der Reise

Nicht jeder Reizdarm-Patient reagiert auf Essen und Trinken gleich. Während mancher beispielsweise bereits nach einem Schluck kohlensäurehaltigen Mineralwassers mit Blähungen reagiert, macht einem anderem auch eine halbe Thermoskanne Kaffee und ein Salamibrot nichts aus. Hier ist es deshalb sehr wichtig, dass Sie sich selbst in den Blick nehmen und je nach individueller Erfahrung handeln.

Grundsätzlich gilt: Leichte Kost und stilles Wasser sollten Sie immer dabeihaben, um sich bei einer Pause stärken zu können.

Auch wenn es manchmal zum Verzweifeln ist: Den Mut nicht verlieren!

Kapitel 10 | Auch wenn es manchmal zum Verzweifeln ist: Den Mut nicht verlieren!

Egal, ob Sie – wie ich – schon seit einem Vierteljahrhundert unter dem Reizdarmsyndrom leiden oder gerade eben erst mit der Diagnose konfrontiert worden sind – RDS ist weder todbringend, noch mindert die Krankheit – nach heutigem Kenntnisstand – Ihre Lebenserwartung. Dennoch ist der Alltag mit einem Reizdarm alles andere als einfach. Immer wieder kommen Phasen, an denen Sie mit sich und der Welt hadern. Phasen, in denen Sie auf die Anderen, die scheinbar Gesunden, blicken und sagen: Wäre ich doch wie die! Doch dieses Zaudern – so verständlich und nachvollziehbar es auch ist – bringt Sie keinen Schritt weiter.

Es ist daher sehr wichtig, sich so schnell wie möglich aus dem Strudel negativer Gedanken zu befreien und weder den Mut noch die Hoffnung zu verlieren. Niemand kann sagen, ob die Symptome nicht eines Tages von selbst wieder verschwinden – so plötzlich und unerwartet, wie sie gekommen sind. Denn auch wenn es selten ist: Es gibt tatsächlich Berichte von Spontanheilungen.

Und möglicherweise gelingt der Forschung auch schon bald der Durchbruch und die wahre Ursache für unsere Beschwerden wird gefunden.

Lassen wir daher den Kopf nicht hängen, sondern gehen wir trotz allem optimistisch in die Zukunft. Wir dürfen das! (Siehe dazu auch meine persönlichen Worte am Ende dieses Buches).

Wenn Sie sich gerade in einer weniger schmerzhaften oder belastenden Phase des RDS befinden, dann genießen Sie diese Zeit! Machen Sie was draus! Vielleicht ist genau jetzt die richtige Zeit für die eine oder andere Unternehmung, die Ihnen schon bald wieder schwerer fallen wird. Freuen Sie sich an den kleinen Dingen: Dem ersten Grün im Frühling. Einem lauen Sommerabend. Den bunten Blättern im Herbst. Und an den Schneeflocken im Winter. Und schaffen Sie sich Alternativen zu den großen Touren und Reisen, die Sie vielleicht nicht unternehmen können oder möchten. Gehen Sie in Ihrer Umgebung spazieren. Suchen Sie sich ein Hobby, das Sie auch vom Sofa aus betreiben können. Und genießen Sie es, nicht so viel „in Action" sein zu müssen, wie dies „gesunde" Menschen glauben.

Ein sehr persönliches Wort um Schluss

Auch das möchte ich Ihnen noch mit auf den Weg geben: Die Zeit mit Ihrem Reizdarm ist begrenzt! Es mag auf den ersten Blick merkwürdig klingen, stimmt aber: Eines Tages wird das ganze Übel vorbei sein. Inmitten all der bislang manchmal doch recht anstrengenden, stressigen und unangenehmen Reizdarm-Zeiten hat mir dieses Wissen oft schon sehr geholfen. Als gläubiger Christ weiß ich nämlich, dass dieses ganz sicher nicht immer einfache Leben hier auf der Erde nicht alles ist. Dass es weitergeht. Dass mich eine himmlische Zukunft ohne Schmerzen und Leid erwartet.

Im letzten Buch der Bibel, der Offenbarung, heißt es in Kapitel 21 Vers 4, dass für alle, die an Jesus Christus glauben, eine Zeit kommen wird, in der alles Negative und Schlimme weg sein wird. Eine Zeit also auch ohne Reizdarmsyndrom! Und dass dies keine „kindliche Vertröstung" oder das „Greifen nach einem Strohhalm" ist, zeigt mir die absolute Zuverlässigkeit von Gottes Wort, wie ich es in der Bibel aufgeschrieben finde. Schon unzählige Male hat sich die Bibel als wahr erwiesen. Obwohl heftig bekämpft und umstritten, hat sich bis heute noch keine biblische Aussage als unwahr erwiesen. Das zeigt mir: Der Glaube an Gott und Jesus Christus ist belastbar. Handfest. Zuverlässig. Und zwar nicht so, wie wenn ich sage: *„Ich glaube,* *dass morgen die Sonne scheint"*, sondern dieser Glaube ist ein festes Fundament und eine große Gewissheit.

Leider kann ich Ihnen nicht dazu verhelfen, diesen Glauben auch zu bekommen. Aber ich kann Ihnen sagen, was Gott Ihnen sagt. Nämlich: *„Wenn ihr mich von ganzem Herzen sucht, werde ich mich von euch finden lassen"* (Die Bibel: Jeremia 29, 13-14). Und dieser Weg ist gar nicht schwer. Weder müssen Sie Mitglied irgendeiner Kirche werden noch Geld bezahlen oder ähnliches. Das Einzige, was Sie tun müssen, ist dies: Zugeben, dass Sie als Mensch ohne Gott verloren sind. Und Jesus Christus einladen, in Ihr Leben zu kommen und ab sofort Ihr „Chef" zu sein.

Wenn Gott sagt *„Tut Buße!"*, dann heißt das nicht, dass wir unsere Schuld durch gute Werke oder religiöse Übungen abbüßen sollen. Vielmehr werden wir aufgefordert zu überprüfen, ob unser Denken und Handeln im Sinne Gottes ist. Hören wir darauf, was Gott uns sagen will? Wir sollten es unbedingt tun, denn sein Wort ist wahr. Tröstlich. Weise. Zukunftsfähig. Und voller Liebe.

Wenn wir mit unserem Auto unterwegs sind und uns das Navi plötzlich sagt, dass wir in die falsche Richtung fahren, dann folgen wir für gewöhnlich der freundlichen Stimme aus dem Lautsprecher und kehren um. Auch Gott ist freundlich zu uns und sagt: *„Kehrt um!"* Oder anders ausgedrückt: *„Seht ein, dass ihr auf dem falschen Weg seid und ändert die Richtung!"* Das nämlich meint der Begriff Buße: Umkehr.

Können Sie sich vorzustellen, zu Gott umzukehren? Sich auf ihn einzulassen? Durch den Tod von Jesus am Kreuz hat er für jeden Menschen die Möglichkeit für eine himmlische Zukunft geschaffen. Glauben Sie das?

Lassen Sie sich von Ihrem Reizdarm nicht unterkriegen. Leben Sie mit ihm. Und versuchen Sie, das Beste daraus zu machen. Ich kann Ihnen nicht versprechen, dass Sie hier auf dieser Erde von Ihrem Leiden erlöst werden – sei es, durch Spontanheilung, neue Medikamente oder Therapien. Aber ich kann Ihnen versprechen, dass eine reizdarmfreie Zukunft auf Sie wartet. Wenn Sie es wollen.

Zeitfracht Medien GmbH
Ferdinand-Jühlke-Straße 7
99095 Erfurt, Deutschland
produktsicherheit@kolibri360.de